열려라 말놀이

보리 글 | 홍수진 그림

보리

더 재미있게 노는 방법

《보리 국어사전》에서 뽑은 낱말 772개가 '가로세로 낱말 맞히기', '초성 맞히기', '낱말 묶기' 세 가지 놀이로 담겨 있어.

① 가로세로 낱말 맞히기

낱말 놀이 주제
주제에 맞는 낱말을 떠올리면 답을 찾는 데 도움이 될 거야.

힌트 그림
낱말 놀이 둘레에 있는 그림을 살펴보면 정답을 짐작할 수 있어.

낱말 뜻풀이
뜻풀이를 먼저 읽고 답을 떠올려 봐.

② 초성 맞히기

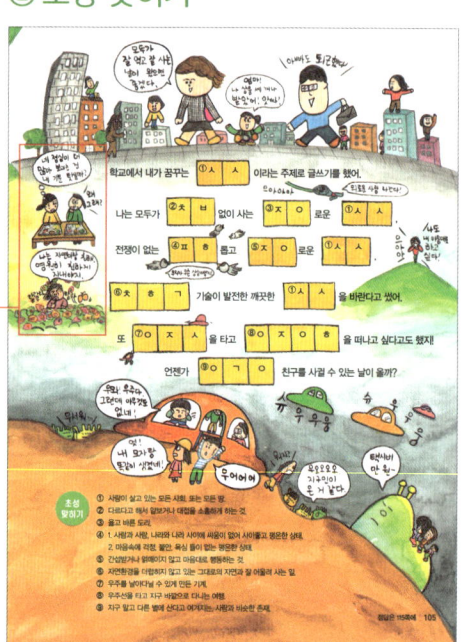

③ 낱말 묶기

이 쪽수에 가면 정답이 있어.

말이 햄이 고미

린이 끼리 어흥이 여웅이

주제마다 그림 속에 말을 되찾기 위해 여행하는 주인공들이 셋씩 숨어 있어. 눈을 크게 뜨고 찾아봐.

① 가로세로 낱말 맞히기

풀이를 보고 빈칸에 맞는 낱말을 맞히는 놀이야.
칸 수를 세어 보면 몇 글자 낱말인지 알 수 있겠지?

빨간색 번호는 가로 풀이
낱말 설명을 보고 정답을 맞혀.

파란색 번호는 세로 풀이
낱말 설명을 보고 정답을 맞혀.

가로와 세로 낱말이 겹치는 곳에서 힌트가 되는 글자를 알 수 있어.

가로 풀이
① 학교에서 방학이 끝나고 다시 공부를 시작하는 것.
② 학교에서 배우는 내용이 담긴 책.
③ 집이 아닌 곳에서 먹을 수 있게 음식을 담는 그릇. 또는 그 그릇에 담은 음식.
④ 학교 같은 곳에서 자기 물건을 따로 넣어 두는 상자.

세로 풀이
① 시설을 갖추고 학생들을 가르치는 공공 기관. 또는 그 건물.
② 책이나 정보, 자료 들을 모아 놓고 사람들이 이용할 수 있게 갖추어 놓은 곳.
③ 어떤 일에 필요하여 준비하는 물건.
④ 남과 친해지다. 또는 남과 친해지려고 어울리다.

낱말 뜻풀이야. 번호 색깔에 맞는
뜻풀이를 읽고 답을 맞혀 봐.

②초성 맞히기

한 글자에서 처음 소리가 나는 자음을 초성이라고 해.
'말'의 초성은 'ㅁ', '놀'의 초성은 'ㄴ', '이'의 초성은 'ㅇ'이야.

이야기 속에 문제가 담겨 있어.
이야기 흐름을 알면 자연스레 답이 떠오를 수도 있어.

번호마다 낱말의 초성을 달아 놓았어. 칸 수를 보면 몇 글자인지 알 수 있겠지?

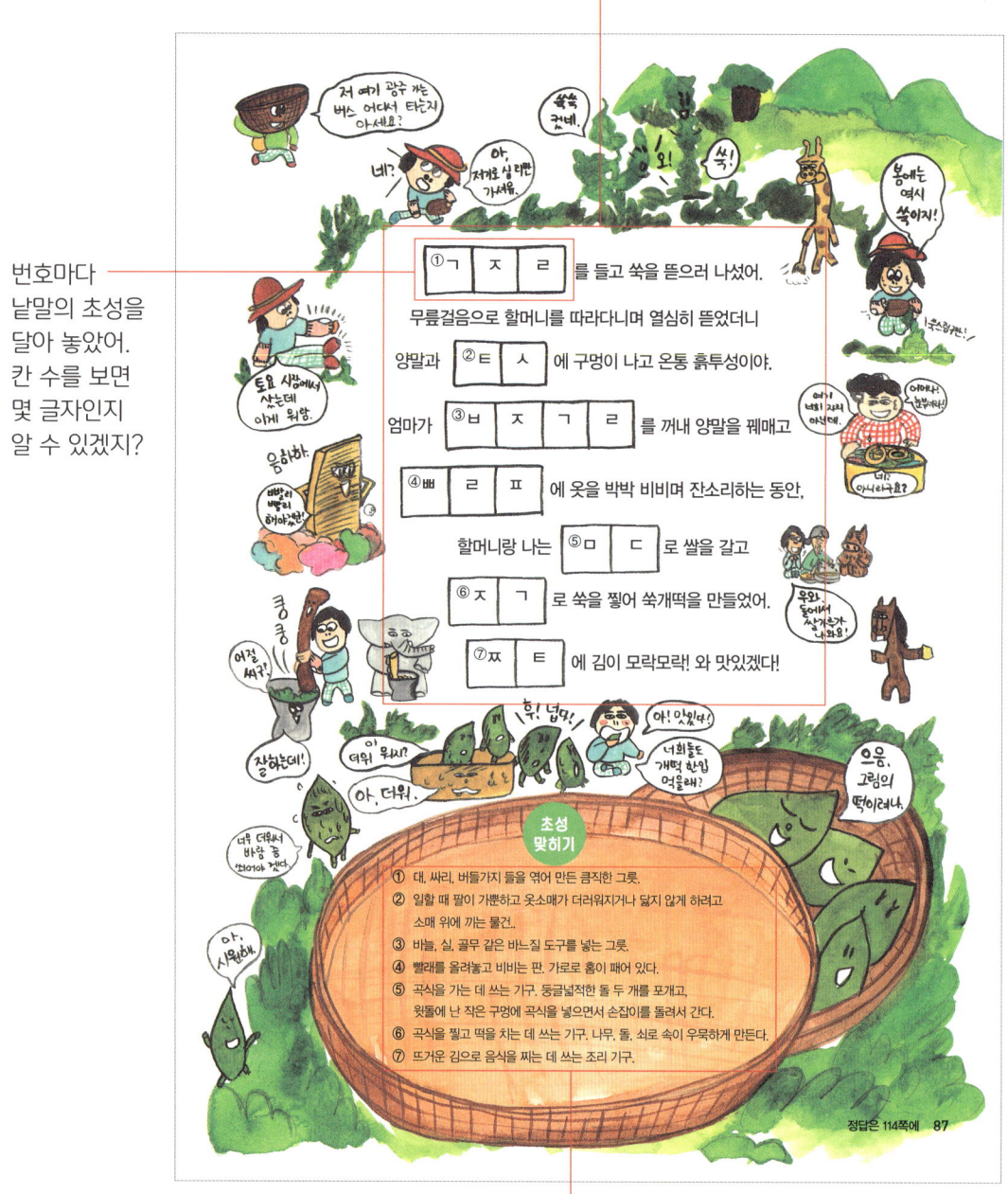

낱말 뜻풀이야. 번호에 맞는 뜻풀이를 읽고 답을 맞혀 봐.

③ 낱말 묶기
글 상자에서 뜻풀이가 가리키는 낱말을 찾는 놀이야.

가로세로 낱말 맞히기처럼 정답 글자가 겹치는 부분도 있어.

낱말을 찾아서 가로, 세로, 대각선으로 묶어.

헷갈리게 하는 글자들이 섞여 있으니까 눈을 크게 뜨고 봐야 돼.

낱말 뜻풀이야.
뜻풀이를 읽고 답을 찾아봐.

차례

더 재미있게 노는 방법 · 4
여는 만화 · 10

먹고 마시고 놀고! 즐거운 잔칫날
잔치 1 · 14   잔치 2 · 16   잔치 3 · 18
운동회 · 20   시장 · 22   음식 · 24

함께라면 무서울 게 없어!
학교 · 28   별명 · 30   말 · 32
마음 · 34   추위 · 36   시간 · 38   시늉말 · 40
빙글빙글 · 42   어린이 · 44   방정환 · 46

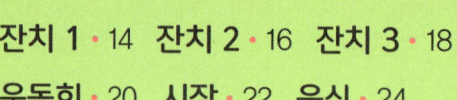

얘들아, 우리 밖으로 나가자

봄 · 50   **느낌** · 52   **산** · 54   **위기** · 56
바람 · 58   **여름** · 60   **비와 구름** · 62   **가을** · 64
달 · 66   **색깔** · 68   **여행** · 70   **겨울** · 72

우리 집이 가장 좋아

시골 · 76   **농사** · 78   **잠** · 80   **식구** · 82   **생김새** · 84
살림살이 · 86   **더위** · 88   **도시** · 90   **책** · 92

할 수 있어? 할 수 있어!

새해 · 96   **도전** · 98   **노력** · 100
직업 · 102   **앞날** · 104   **마지막** · 106

닫는 만화 · 108
정답 · 110

여는 만화

먹고 마시고 놀고!
즐거운 잔칫날

잔치 1

하하, 호호, 신나는 잔치로구나!

가로 풀이
① '먹다'의 높임말.
② 가래떡을 토막 내어 쇠고기, 채소, 갖은양념을 넣고 볶은 음식.
③ 환한 웃음을 활짝 핀 꽃에 빗대어 이르는 말.

세로 풀이
① 삶은 당면에 채소, 고기, 버섯 들을 볶아 넣고 버무린 음식.
② 밀가루나 감자 가루를 반죽하여 가늘고 길게 뽑은 것. 또는 그것으로 만든 음식.
③ 시루에 쌀가루를 넣고 고물을 얹어 켜켜이 안쳐서 찐 떡.
④ 기쁘거나 즐거울 때 얼굴을 활짝 펴거나 입을 벌려 소리를 내다.
⑤ 꽃 여러 송이를 한데 묶은 것.

잔치 3
얼쑤, 춤추고 놀아 보자!

가로 풀이
① 아기를 어를 때 노랫가락처럼 내는 소리.
② 우리나라 전통 춤에서 기본을 이루는 동작 하나하나.
③ '늴리리야'나 '태평가' 같은 경기 민요 끝에 되풀이하여 부르는 소리.
④ 노래를 부르거나 춤을 출 때 흥을 돋우려고 내는 소리.
⑤ 신나는 기분.

세로 풀이
① 신이 나서 어깨를 들썩거리는 것. 또는 그렇게 추는 춤.
② 네 사람이 꽹과리, 징, 장구, 북을 함께 치는 놀이.
③ 여럿이 모여 노래 솜씨를 겨루는 일.
④ 제비나 종다리 같은 새가 지저귀는 소리.
⑤ 입술을 동그랗게 오므리고 혀끝으로 입김을 불어서 소리를 내는 것.

가로풀이
① 두 손으로 바닥을 짚고 발을 들어 올려 거꾸로 서는 것.
② 땀이 많이 나서 몸과 옷이 온통 젖은 상태.
③ 여럿이 힘을 한데 모으려고 잇따라 내는 소리.
④ 바로 누워서 다리를 움직이지 않고 윗몸을 일으켰다 누웠다 하는 운동.

세로풀이
① 구슬처럼 방울방울 흐르는 땀.
② 몸을 잇따라 앞으로 엎쳤다가 뒤로 자빠졌다가 하는 모양.
③ 운동을 하기 전에 몸을 가볍게 푸는 것.
④ 1. 어깨를 잇따라 들썩이는 모양. 2. 아주 자랑스러워하는 모양.
⑤ 숨 쉬는 일.

① ㅈ ㄴ ㄸ 전에 ② ㅈ ㅂ ㄱ ㄴ 를 들고 ③ ㅈ ㄹ ㅅ ㅈ 에
④ ㅅ ㅂ ㄹ 을 갔어. 양파 한 ⑤ ㄲ ㄹ ㅁ 를 사고
애호박을 ⑥ ㄷ 으로 받았더니 웃음이 실실 나와.
주머니 속 ⑦ ㅂ ㅅ ㄹ ㄷ 으로 ⑧ ㅎ ㄸ 도 사 먹고
시장에 ④ ㅅ ㅂ ㄹ 가는 ⑨ ㅈ ㅈ ㅁ 가 쏠쏠해.
아, 밥 먹기 전에 ⑩ ㄱ ㄱ ㅈ 하지 말랬는데…….
나한테서 ⑧ ㅎ ㄸ 냄새가 나려나? 양파로 어떻게…….

초성 맞히기

① 해가 질 때. 또는 저녁밥을 먹을 때.
② 시장을 볼 때 들고 다니는 바구니.
③ 오래전부터 있어 오던 시장을 백화점이나 대형 마트와 구별하여 이르는 말.
④ 남이 시키는 일을 해 주는 것.
⑤ 여러 개를 한데 꾸려 묶은 덩어리. 또는 그것을 세는 말.
⑥ 파는 물건에 얹어서 거저 주는 것.
⑦ 부스러기와 같은 돈이라는 뜻으로 '쓰다 남은 얼마 안 되는 잔돈'을 이르는 말.
⑧ 밀가루나 찹쌀가루를 반죽하여 설탕으로 소를 넣고 둥글넓적하게 구워 낸 중국 떡.
⑨ 작은 것에서 느끼는 아기자기한 재미.
⑩ 입이 심심하거나 출출할 때 과일, 과자 같은 음식을 먹는 일.

정답은 110쪽에

음식

밥 달라고 꿀꿀꿀.

가로풀이
① 기름에 지진 음식을 모두 이르는 말.
② 쇠고기와 소의 뼈나 내장을 넣고 푹 고아서 끓인 국.
③ 쌀이나 옥수수 같은 것을 튀긴 것.
④ 음식 또는 곡식, 채소, 과일처럼 사람이 먹을 수 있거나 먹을 만한 것들.
⑤ 밥맛이 없다거나 밥 먹기가 싫다거나 하면서 불평하는 것.

세로풀이
① 솥 바닥에 눌어붙은 밥.
② 어둡고 축축한 곳에 자라는 작은 생물. 축축한 물건이나 음식물에 잘 생기는데 퀴퀴한 냄새가 난다. 사람에게 병을 일으키는 것도 있지만, 술이나 된장을 만드는 데 쓰는 것도 있다.
③ 차려 놓은 밥상 곁.
④ 음식을 많이 먹는 사람을 놀리는 말.
⑤ 그릇에 수북이 높게 담은 밥.

함께라면 무서울 게 없어!

학교

학교 종이 땡땡땡!
어서 모이자.

가로풀이
① 학교에서 방학이 끝나고 다시 공부를 시작하는 것.
② 학교에서 배우는 내용이 담긴 책.
③ 집이 아닌 곳에서 먹을 수 있게 음식을 담는 그릇. 또는 그 그릇에 담은 음식.
④ 학교 같은 곳에서 자기 물건을 따로 넣어 두는 상자.

세로풀이
① 시설을 갖추고 학생들을 가르치는 공공 기관. 또는 그 건물.
② 책이나 정보, 자료 들을 모아 놓고 사람들이 이용할 수 있게 갖추어 놓은 곳.
③ 어떤 일에 필요하여 준비하는 물건.
④ 남과 친해지다. 또는 남과 친해지려고 어울리다.

가로풀이
⑤ 늘 친하게 지내는 사람. 친구.
⑥ '선생'을 높여 부르는 말.
⑦ 학교에서 학년이 낮은 사람. 또는 같은 학교를 나중에 나온 사람.
⑧ 대답이나 풀이를 하라고 내는 물음.
⑨ 책, 공책, 필통 같은 것을 넣어서 들고 다니는 가방.

세로풀이
⑤ 같은 학교를 나온 사람.
⑥ 학교에서 학년이 높은 사람. 또는 같은 학교를 먼저 나온 사람.
⑦ 교사가 학생들한테 집에서 해 오라고 내 주는 공부.
⑧ 종이나 연필처럼 공부할 때나 일할 때 쓰는 물건. 또는 그런 물건을 파는 가게.
⑨ 앉아서 책을 읽거나 글을 쓰거나 일을 하는 데 쓰는 상.

별명

자꾸 들으니까 마음에 드네?

가로풀이
① 얄미울 만큼 약삭빠른 사람. 또는 자기 것을 지나치게 아끼고 남에게 베풀 줄 모르는 사람.
② 만만하게 보아 넘길 만큼 평범한 사람.
③ 하라는 대로 하지 않고 꼭 반대로 말하거나 행동하는 사람을 빗대어 이르는 말.
④ 말이 많은 사람을 낮추어 이르는 말.

세로풀이
① 소중한 사람을 복에 빗대어 이르는 말.
② 어느 쪽에도 끼지 못하는 사람이나 그런 처지를 빗대어 이르는 말.
③ 빈틈없이 아주 야무진 사람.
④ 돈이나 물건을 지나치게 아끼는 사람.
⑤ 한 가지 일에만 파고들어 끝까지 매달리는 사람.

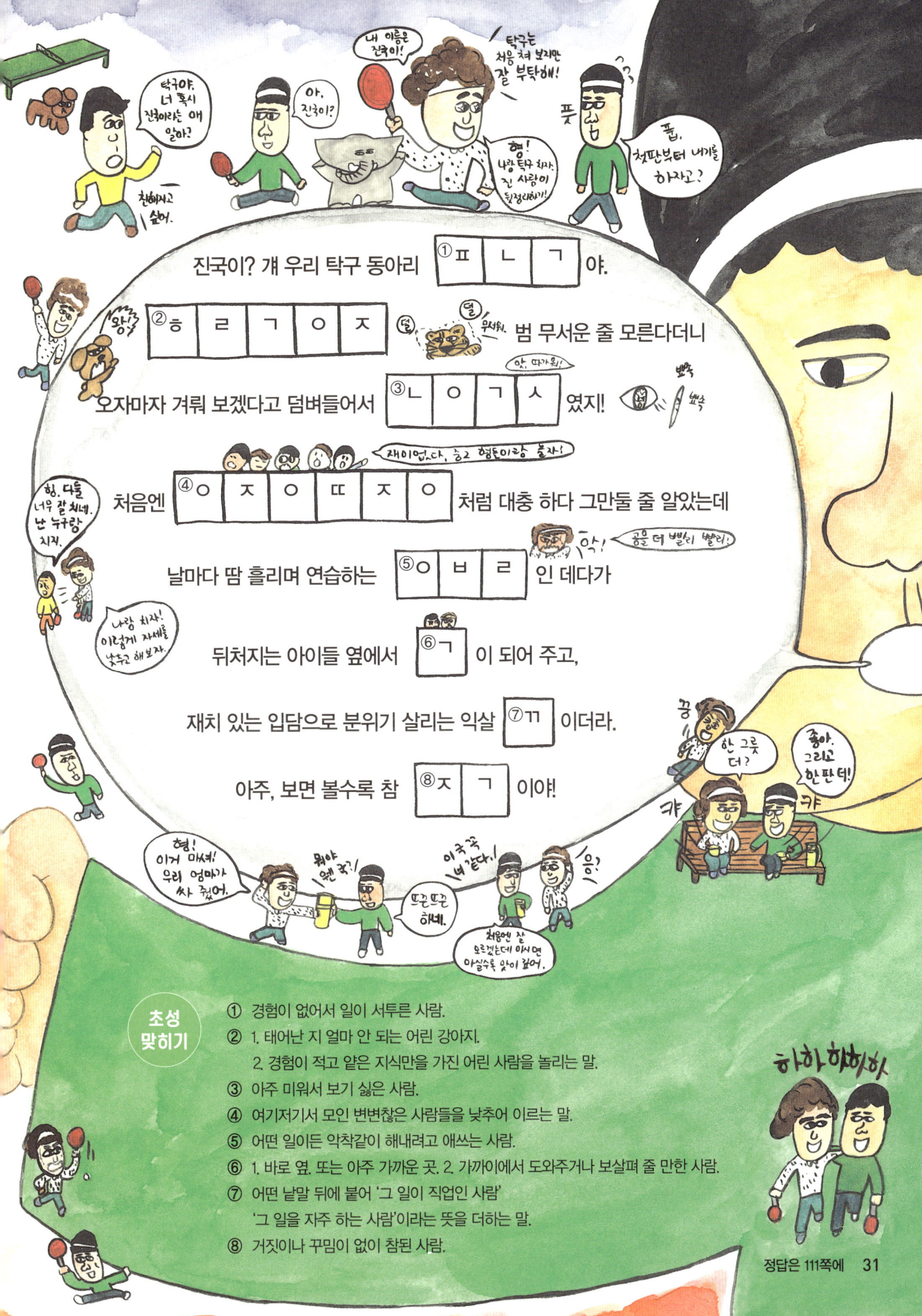

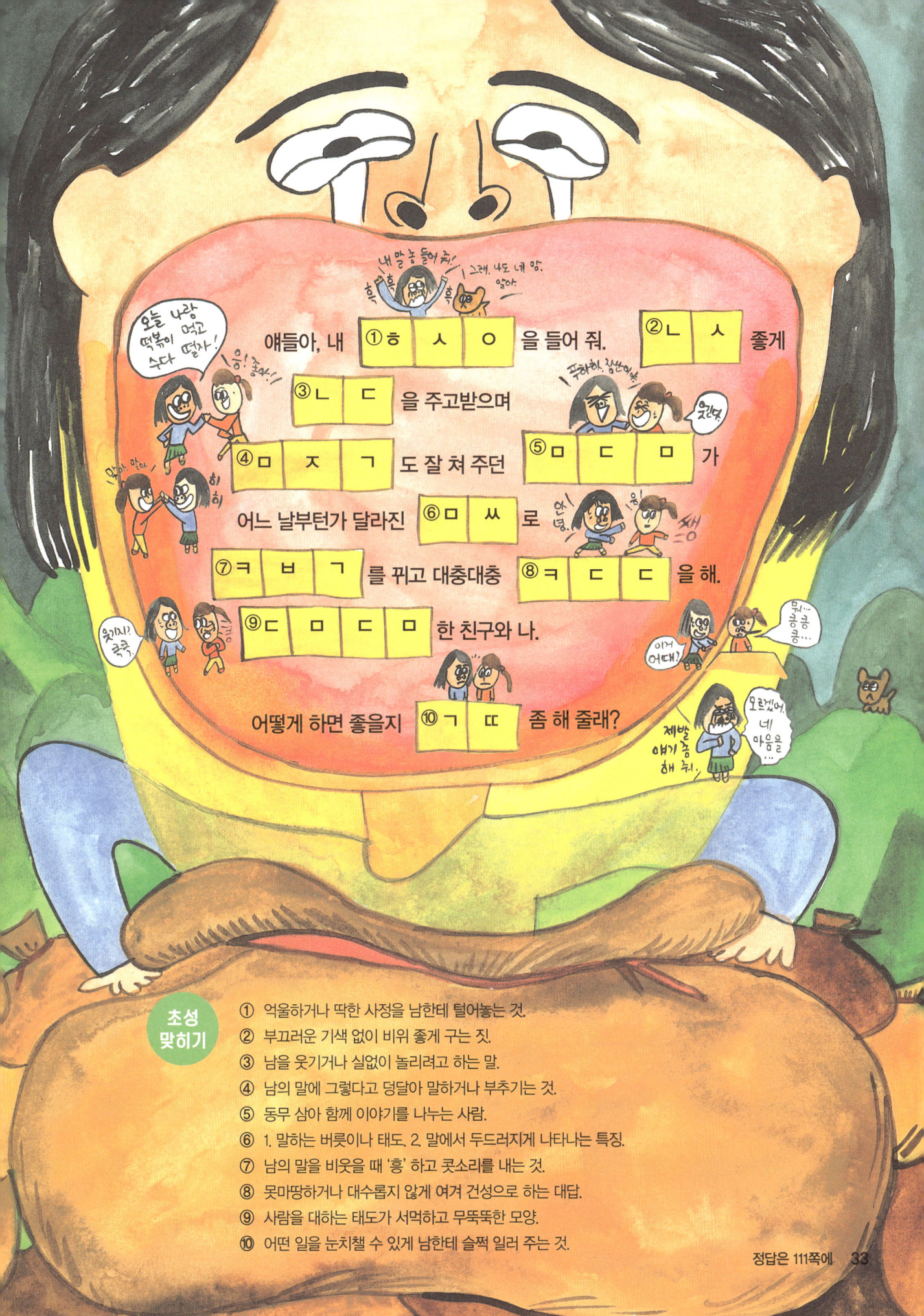

가로 풀이
① 드러나지 않게 슬그머니.
② 어떤 일이 못마땅하여 얼굴빛이 어둡다. ㅇㅇㅇ하다.
③ 억울하거나 분한 마음을 말로 길게 늘어놓는 것.
④ 바라는 대로 되지 않아 속상하고 안타까워하는 것.
⑤ 거짓말을 잘하는 사람.

세로 풀이
① 지긋지긋해서 다시 마주하기 싫을 만큼 아주 싫은 마음.
② 하찮은 것까지 하나하나 다 따지는 모양.
③ 서로 자기가 옳다거니 자기 뜻대로 하겠다거니 하면서 말다툼하는 것.
④ 남의 말에 끼어드는 것.
⑤ 잘난 체 으스대면서 남을 깔보는 태도.

추위

에취! 추운 겨울도 친구랑 함께하면 즐거워!

가로풀이

① 추운 기운. 또는 추운 날씨.
② 1. 생물을 살아서 움직이게 하는 힘. 2. 보이지는 않지만 몸으로 느낄 수 있는 어떤 힘이나 분위기.
③ 곰, 개구리, 뱀 같은 짐승이 땅속이나 물속에서 잠든 것처럼 움직이지 않고 겨울을 나는 일.
④ 소나무 열매. 비늘 같은 조각이 겹겹이 붙어 있고, 그 사이에 씨가 들어 있다.
⑤ 재채기하는 소리.
⑥ 덥고 찬 정도.
⑦ 1. 여럿이 함께. 2. 어떤 낱말 뒤에 붙어, '비슷하게', '그처럼'을 뜻하는 말.
⑧ 깊은 산속이나 숲에 사는 짐승. 몸집이 크고 사납다. 누런 갈색 바탕에 검은 줄무늬가 있다.

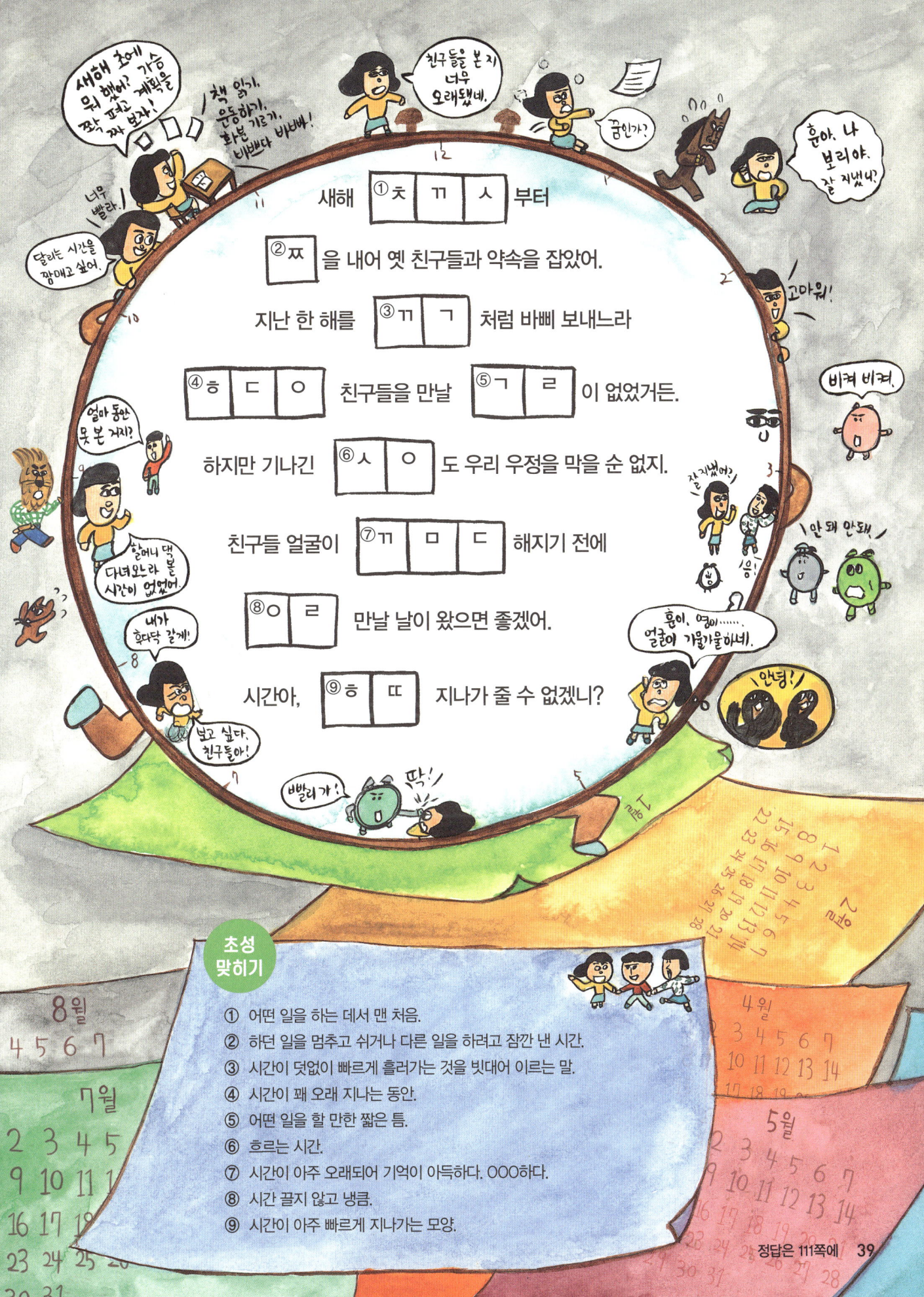

빙글빙글

눈앞이 어질어질 뱅글뱅글.

소	똥	쳇	물	레	강
용	시	겟	바	늘	강
돌	빙	도	자	퀴	술
이	그	돌	림	노	래
토	르	이	구	상	모
록	르	표	뱅	그	르

낱말 묶기

- 대보름날이나 한가위에 하는 민속놀이. 여럿이 손을 잡고 둥글게 돌면서 노래를 부르고 춤을 춘다.
- 악보에서 어떤 부분을 되풀이하여 연주하거나 노래하라는 표.
- 같은 노래를 몇 마디 사이를 두고, 일부가 먼저 부르고 나머지가 뒤따라 부르는 합창.
- 도자기를 만들 때 흙덩이를 얹고 돌리면서 모양을 만들거나 무늬를 넣는 기구.
- 미끄러지듯 한 바퀴 도는 모양.
- 풍물놀이를 할 때 모자 꼭대기에 달고 빙글빙글 돌리는 흰 새털이나 종이 끈.
- 물이 빙빙 돌면서 세차게 흐르는 일. 또는 그 모양.
- 시계에서 시간, 분, 초를 가리키는 바늘.
- 가는 나무나 얇은 널빤지를 체로 삼아 둥글게 휘어 만든 바퀴.

낱말 묶기

- 손을 내밀어 그 모양에 따라 차례 같은 것을 정하는 방법. 또는 그런 놀이.
  가위는 보를 이기고, 바위는 가위를 이기고, 보는 바위를 이긴다.
- 팽팽하게 당긴 고무줄을 노래에 맞추어 넘거나 다리에 걸었다 놓았다 하면서 노는 놀이.
- 종이를 접어서 만든 딱지를 땅바닥에 놓고, 다른 딱지로 쳐서 뒤집히면 따먹는 놀이.
- 손가락으로 돌을 튕겨 땅을 빼앗는 놀이.
- 아이들이 장난감을 가지고 살림살이 흉내를 내면서 노는 놀이.
- 1. 빙 돌려서 말하는 것이 무엇인지 알아맞히는 놀이.
  2. 어떻게 된 까닭인지 전혀 모르는 것을 빗대어 이르는 말.
- 한 아이가 술래가 되어 나머지 아이들을 찾거나 잡는 놀이.
- 실의 두 끝을 이어서 양쪽 손가락에 걸고 두 사람이 주거니 받거니
  여러 가지 꼴을 만들면서 노는 놀이.

정답은 111쪽에

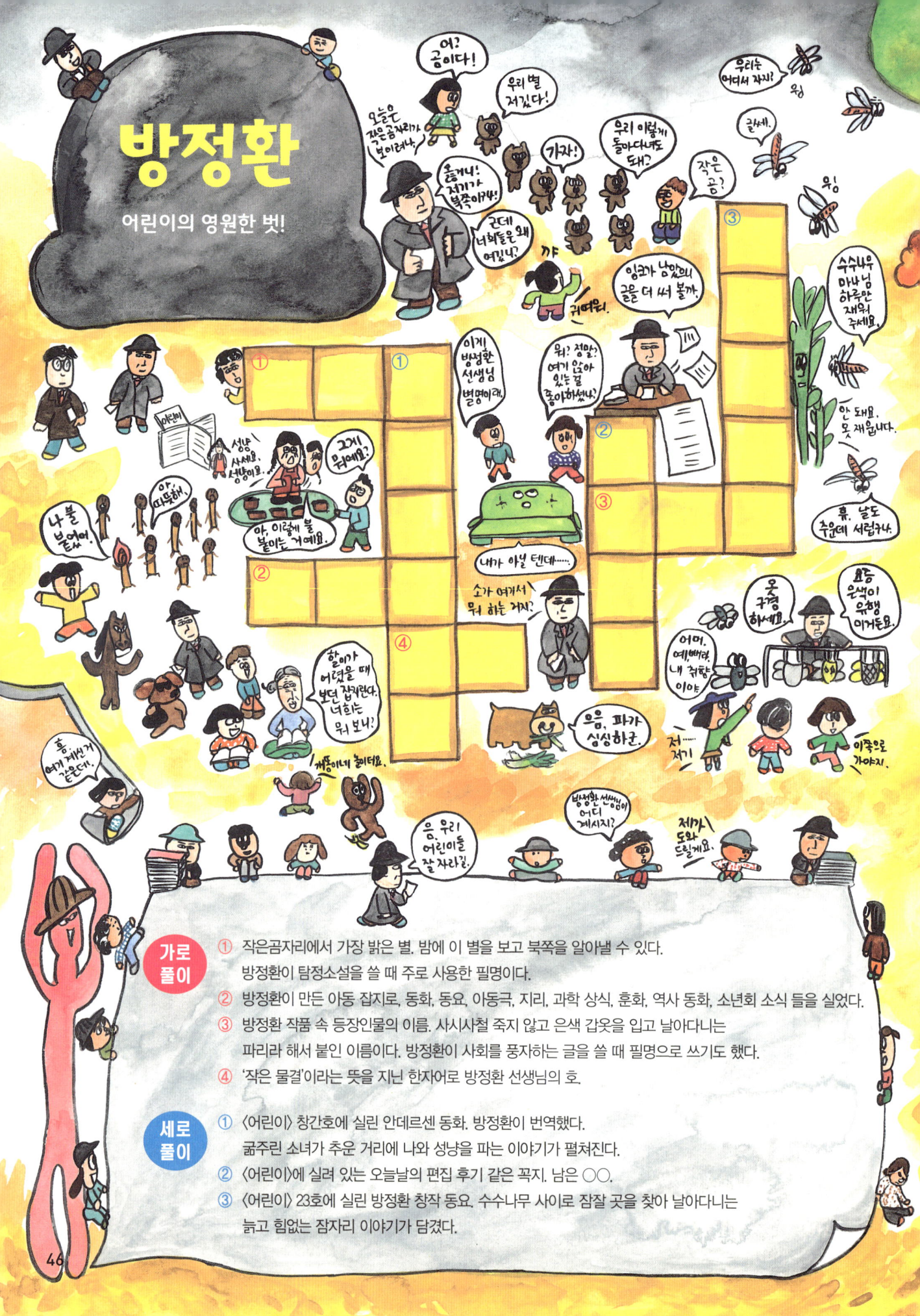

방정환
어린이의 영원한 벗!

가로풀이
① 작은곰자리에서 가장 밝은 별. 밤에 이 별을 보고 북쪽을 알아낼 수 있다. 방정환이 탐정소설을 쓸 때 주로 사용한 필명이다.
② 방정환이 만든 아동 잡지로, 동화, 동요, 아동극, 지리, 과학 상식, 훈화, 역사 동화, 소년회 소식 들을 실었다.
③ 방정환 작품 속 등장인물의 이름. 사시사철 죽지 않고 은색 갑옷을 입고 날아다니는 파리라 해서 붙인 이름이다. 방정환이 사회를 풍자하는 글을 쓸 때 필명으로 쓰기도 했다.
④ '작은 물결'이라는 뜻을 지닌 한자어로 방정환 선생님의 호.

세로풀이
① 〈어린이〉 창간호에 실린 안데르센 동화. 방정환이 번역했다. 굶주린 소녀가 추운 거리에 나와 성냥을 파는 이야기가 펼쳐진다.
② 〈어린이〉에 실려 있는 오늘날의 편집 후기 같은 꼭지. 남은 ○○.
③ 〈어린이〉 23호에 실린 방정환 창작 동요. 수수나무 사이로 잠잘 곳을 찾아 날아다니는 늙고 힘없는 잠자리 이야기가 담겼다.

가로풀이
⑤ 방정환 선생님이 〈어린이〉 잡지에 우스운 이야기들을 쓸 때 쓴 필명.
⑥ 어린이가 주체가 되어 어린이 해방을 선언한 날이다. 처음에는 5월 1일이었는데, 1946년부터 5월 5일로 정했다.
⑦ 어린이 노래라는 뜻으로, 어른 작가가 어린이 마음을 담아 지은 노래이다. 〈고향의 봄〉 〈반달〉 같은 작품들이 이름났다.

세로풀이
④ 방정환이 〈어린이〉 잡지를 만든 곳. 천도교계의 출판사.
⑤ 〈어린이〉 16호에 실린 방정환 동화. 어린이날 전날 밤에 방정환 선생님이 가진 기쁜 마음을 꽃, 곤충, 새들의 잔치 준비로 나타냈다.
⑥ 1923년 방정환을 비롯해 동경 유학생들이 만든 어린이문제 연구단체로, 잡지 〈어린이〉의 필자로 활동했다.

정답은 112쪽에
방정환은 모두 19명

얘들아, 우리 밖으로 나가자

봄

새싹이 파릇파릇 봄이 왔어요!

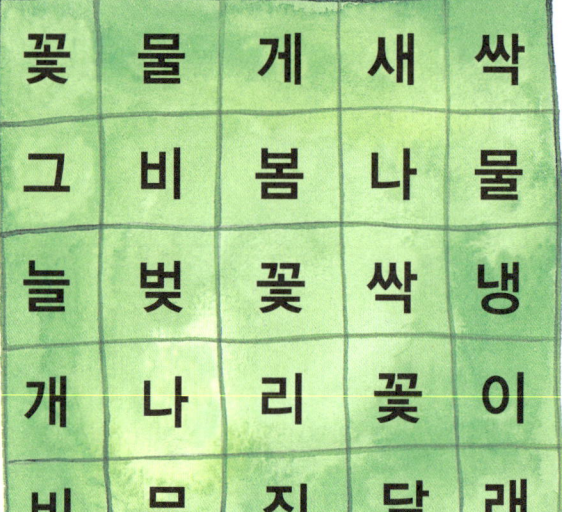

꽃	물	게	새	싹
그	비	봄	나	물
늘	벚	꽃	싹	냉
개	나	리	꽃	이
비	무	진	달	래

낱말 묶기

- 산과 들에 자라거나 집 가까이에 심어 가꾸는 갈잎나무. 이른 봄에 잎보다 먼저 노란 꽃이 핀다.
- 활짝 핀 꽃나무 아래에 드리워진 그늘.
- 들이나 밭에 절로 나서 자라는 풀. 잎은 들쭉날쭉하게 갈라지고, 꽃대에 작고 흰 꽃이 핀다. 봄에 난 어린잎과 뿌리는 나물로 먹는다.
- 산과 들에 절로 자라거나 꽃을 보려고 심어 가꾸는 갈잎나무. 봄에 옅은 분홍색 꽃이 잎보다 먼저 피고, 초여름에 '버찌'라고 부르는 열매가 까맣게 익는다.
- 봄에 피는 꽃.
- 봄에 산이나 들에 돋아나는 나물.
- 새로 돋아나는 싹.
- 양지바른 산기슭에 자라고 뜰이나 공원에 많이 심는 갈잎나무. 이른 봄에 분홍색 꽃이 잎보다 먼저 핀다. 꽃은 먹을 수 있다.

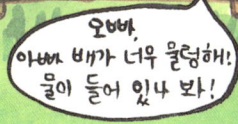

꾸	조	물	조	물	렁
치	덕	치	불	컹	뽀
우	배	꾸	룩	물	드
글	둘	쿵	덕	컹	득
쭈	셋	투	실	투	실
글	찰	싹	둘	레	밥

낱말 묶기

- 물기가 있던 것이 겉이 말라서 조금 굳어진 모양.
- 너무 익거나 끓아서 아주 물렁물렁한 모양.
- 거죽이 두드러지거나 쑥 나와 있는 모양.
- 그릇처럼 단단하고 매끄러운 물건을 세게 문지르거나 비빌 때 나는 소리.
- 여러 군데가 우묵하게 들어가거나 주름이 많게 쭈그러진 모양.
- 바닥이나 거죽이 고르지 않고 군데군데 두드러져 있는 모양.
- 작은 손으로 자꾸 주무르는 모양.
- 살갗을 가볍게 때리는 소리. 작은 물체가 끈질기게 달라붙는 소리.
- 보기 좋을 만큼 살이 쪄서 통통한 모양.

정답은 112쪽에.

가로 풀이

⑦ 대숲에 나는 버섯. 갓은 종 모양이고 겉은 초록빛을 띤 갈색 점액이 싸고 있다. 하얀 그물망을 치마처럼 두르고 있다.
⑧ 벌레나 물고기가 알을 낳다.
⑨ 강원도 원주에 있는 산. 국립 공원이다.
⑩ 여러 빛깔의 점이나 줄 같은 것이 뒤섞여 무늬를 이룬 모양.
⑪ 서늘하고 축축한 풀밭이나 숲속에 사는 동물. 부드러운 몸 위에 둥글게 말린 단단한 껍데기를 지고 느릿느릿 기어 다닌다.

세로 풀이

⑥ 1. 마른 잎이나 숲이 마구 움직이는 소리. 또는 그 모양.
2. 눈이나 흙 같은 것이 느릿하고 시끄럽게 떨어지는 소리. 또는 모양.
⑦ 자그마한 것들이 한곳에 촘촘하게 많이 붙어 있는 모양.
⑧ 밤이나 도토리 같은 열매가 잘 익어 저절로 떨어질 만큼 된 상태. 또는 그런 열매.
⑨ 산골짜기에 흐르는 시냇물이나 호수, 강에 사는 민물고기. 피라미와 비슷하게 생겼는데, 입가에 수염이 없고 비늘이 크다.
⑩ 그늘지고 축축한 곳에 자라는 작은 식물. 잎과 줄기를 구별하기 어렵다.

가로풀이
① 말이나 행동을 망설이면서 흐리멍덩하게 하는 모양.
② 불이 나지 않게 조심하는 것.
③ 땅에 박힌 돌멩이에서 땅 위로 비죽 나온 부분.
④ 몸을 물에 뜨게 하는 조끼.

세로풀이
① 1. 큰비로 물이 넘쳐서 겪는 난리. 2. 물이 모자라거나 없어서 겪는 난리.
② 물과 불. 흔히 어려움이나 위험에 빗대어 이르는 말이다.
③ 산이나 바다에서 사고를 당하거나 위험에 빠지는 것.
④ 아무 걱정 없이 마음을 놓는 것.
⑤ 위험한 일이 일어났을 때 빨리 나갈 수 있게 터놓는 문.
⑥ 탈이 나지 않게 몸을 잘 돌보는 것.

식목일에 어린나무를 옮겨 심으려고 산에 올랐어.

무슨 일이 일어날지 몰라서 가방에는 ① ㅂ ㅅ ㅅ ㄹ 이랑,

② ㅅ ㅈ ㄷ, ③ ㅎ ㄹ ㄹ ㄱ 까지 이것저것 욱여넣었지.

④ ㅇ ㄱ ㅁ ㄴ ! 뒤뚱거리다 발을 헛디뎠네. 엎친 데 덮친다고

비도 ⑤ ㅎ ㄷ ㄷ 쏟아져. ⑥ ㅂ ㄹ ㄴ ㅋ 나무를 심어야겠어.

어라? 근데 어린나무가 어디 갔지?

엉뚱한 것만 ⑦ ㅊ ㅂ 하고 ⑧ ㅈ ㅈ 나무를 빠뜨렸네!

초성 맞히기

① 전쟁이나 재난 같은 비상사태가 일어났을 때 먹으려고 따로 마련해 두는 먹을거리.
② 손에 들고 다닐 수 있는 작은 전등.
③ 불어서 삑 소리를 내는 물건. 흔히 어떤 신호나 경고를 하려고 분다.
④ 아주 놀라거나 기막힐 때 내는 소리.
⑤ 빗방울이나 자잘한 돌 같은 것이 갑자기 떨어지는 소리. 또는 그 모양.
⑥ 몹시 서둘러서 급하게.
⑦ 어떤 일을 하려고 필요한 것을 미리 갖추어 차리는 것.
⑧ 꼭 필요하거나 진짜인 것. 또는 실제로 어떤 일에 부딪쳐서.

바람

에헤야디야~ 바람이 분다.

가로풀이
① 바다에서 뭍으로 부는 바람.
② 꽃잎이 비 오듯이 바람에 흩날리는 것을 빗대어 이르는 말.
③ 봄부터 초여름까지 태백산맥을 넘어 대관령 서쪽으로 부는 덥고 건조한 바람.
④ 시원한 바람이 부드럽게 부는 모양.
⑤ 문틈으로 들어오는 바람을 막으려고 문짝 둘레에 돌아가며 바르는 종이.

세로풀이
① 바람을 받으면 날개가 뱅글뱅글 도는 장난감.
② 이른 봄, 꽃이 필 무렵에 부는 쌀쌀한 바람.
③ 몸을 가늘게 떠는 모양.
④ 문을 위로 들어서 여는 창. 벽 위쪽에 작게 만든다.
⑤ 바람의 힘으로 기계를 움직이는 장치. 흔히 곡식을 찧거나 물을 끌어 올리는 일에 쓴다.

가로풀이
① 길을 함께 가는 동무.
② 하던 것을 멈추고 잠깐 쉬는 것.
③ 땅의 생김새나 문화재, 관광지 들을 기호나 그림으로 나타내 위치를 알 수 있게 한 것.
④ 살면서 느끼는 재미나 보람.
⑤ 길을 안내하는 사람.

세로풀이
① 여행하면서 다니는 길.
② 소식이나 연락이 전혀 없는 것.
③ 집을 떠나 멀리 여행 가는 사람. 또는 이리저리 떠돌아다니는 사람.
④ 정한 곳 없이 떠돌아다니면서 사는 것. 또는 그런 살림살이.
⑤ 먼 길을 가다 잠시 머무르거나 묵어가는 사람.

가로 풀이
⑦ 우리나라의 겨울 날씨가 사흘 동안은 추웠다가 다음 나흘 동안은 따뜻하게 풀리는 것.
⑧ 추운 겨울을 나고 이듬해 봄에 틔우는 싹.
⑨ 꽃송이처럼 작게 덩어리져서 내리는 눈.
⑩ 매섭게 부는 차가운 바람.

세로 풀이
⑦ 겨울철에 보이는 별자리.
⑧ 큰 송이로 펑펑 내리는 눈.
⑨ 다가오는 겨울을 맞이하는 일.
⑩ 눈을 뭉쳐서 사람 꼴로 만든 것.

우리 집이 가장 좋아

초성 맞히기

① 졸리거나 술에 취해서 눈빛이 칙칙하고 흐리멍덩하다. ㅇㅇㅇㅇ하다.
② 햇볕이 따뜻하고 포근한 모양.
③ 졸리거나 피곤하거나 지루하여 저절로 입이 크게 벌어지면서 숨을 깊이 쉬는 일.
④ 몸이 지치거나 기운이 빠져 힘이 없다. ㅇㅇ하다.
⑤ 발이나 팔을 활짝 벌리고 맥없이 뒤로 가볍게 자빠지거나 눕는 모양.
⑥ 낮에 자는 잠.
⑦ 어렴풋이 잠이 든 상태.
⑧ 자면서 자기도 모르게 중얼거리는 것.
⑨ 가슴을 펴고 팔다리를 쭉 뻗는 것.
⑩ 어린아이를 자라고 어르는 말.

생김새

사과 같은 내 얼굴!

가로풀이
① 귀와 눈과 입과 코, 또는 귀, 눈, 입, 코를 비롯한 얼굴의 생김새.
② 마음이나 얼굴이 밝지 않고 그늘진 것을 빗대어 이르는 말.
③ 1. 얼굴 빛깔. 2. 얼굴에 나타난 감정이나 마음 상태.
④ 뺨 위쪽에 두드러지게 나온 뼈.
⑤ 매의 부리처럼 콧등이 튀어나오고 코끝이 아래로 굽은 코.

세로풀이
① 이마나 뒤통수가 튀어나온 머리.
② 이마에 생긴 주름살.
③ 구리처럼 검붉은 빛깔.
④ 머리털이 많이 빠져서 살갗이 드러난 머리. 또는 그런 사람.
⑤ '코'를 낮추어 이르는 말.

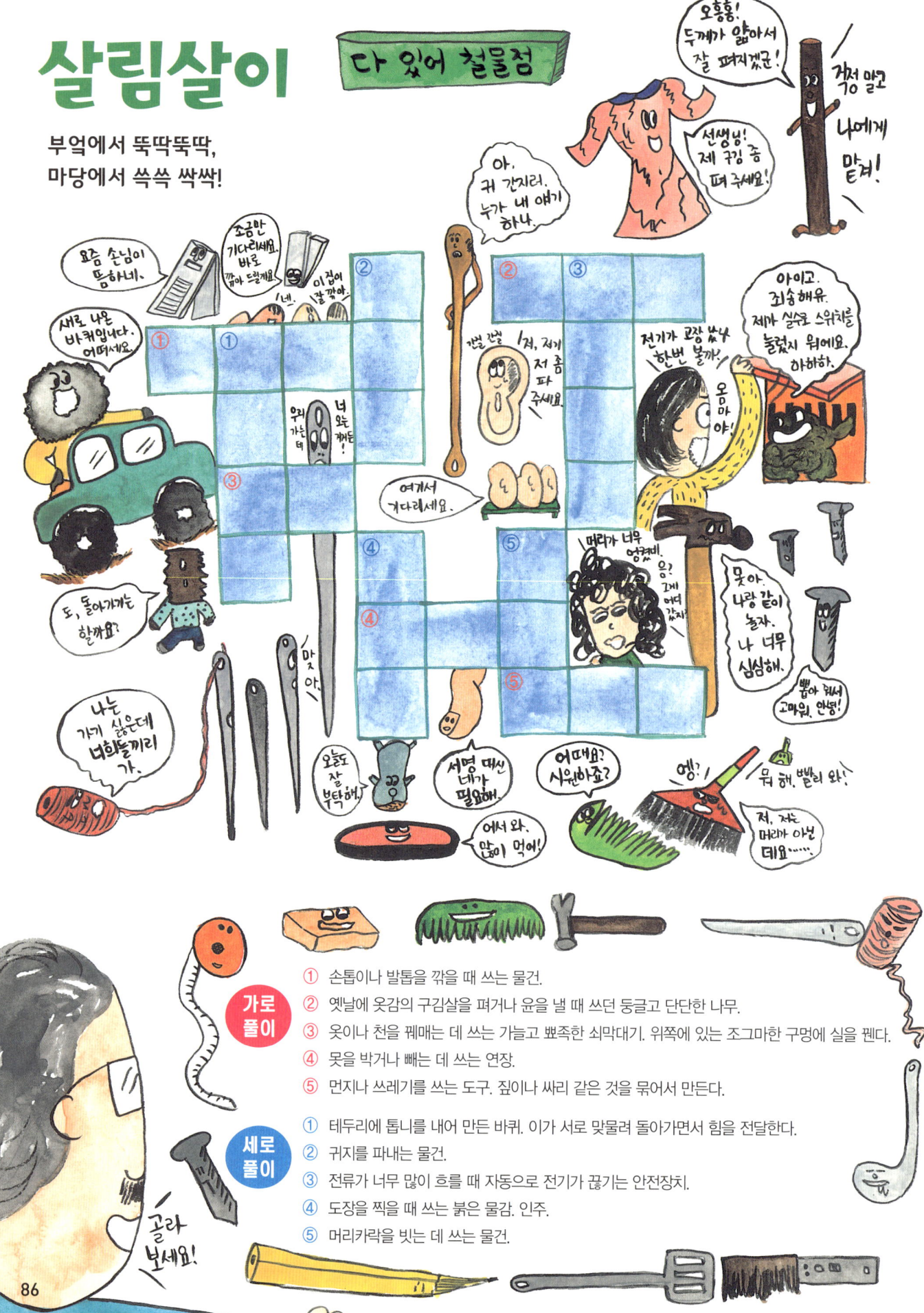

가로풀이
① 찻길에서 차와 사람이 안전하게 다니게 살펴 주고 교통 법규를 어긴 사람을 단속하는 경찰관.
② 차가 다니는 넓은 길.
③ 사람이나 차가 붐비어 길이 꽉 막힌 갑갑한 상태를 빗대어 이르는 말.
④ 번화한 거리.

세로풀이
① 많은 사람이 북새를 이루고 있는 상황.
② 서로 엇갈리거나 마주치는 길.
③ 버스나 전철처럼 여러 사람이 함께 쓰는 탈것.
④ 땅속에 굴을 파고 놓은 철도.
⑤ 여러 가지 물건을 파는 커다란 가게.

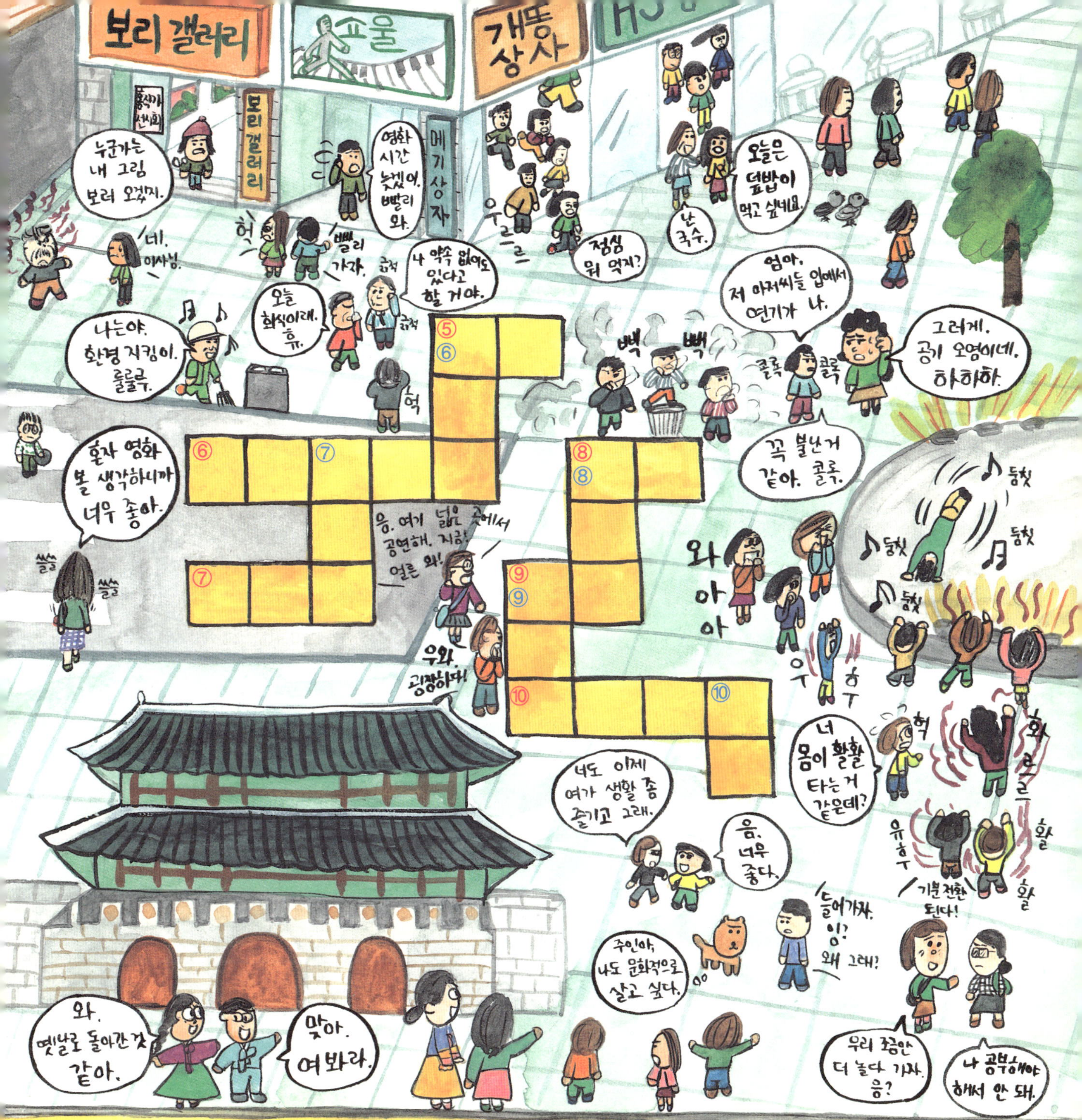

가로 풀이

⑤ 사업을 해서 이익을 얻으려고 여러 사람이 함께 일하는 조직.
⑥ 거리나 공공시설 같은 곳을 청소하고 쓰레기를 거두어 가는 사람.
⑦ 영화를 보여 주는 곳.
⑧ 쓰레기, 썩은 물, 더러운 공기 들처럼 사람과 자연에 두루 해를 끼치는 것.
⑨ 여럿이 모일 수 있는 넓은 마당.
⑩ 음악, 미술, 연극 들처럼 문화와 관련된 일을 즐기는 생활.

세로 풀이

⑥ 돈을 받고 회사에서 일하는 사람.
⑦ 미술품을 늘어놓고 여러 사람에게 보여 주는 곳.
⑧ 공연하는 곳.
⑨ 경복궁 남쪽 정문. 조선 첫째 임금인 태조 때(1395년) 처음 세웠다.
⑩ 힘이 넘치고 씩씩한 기운.

책

그래서 다음 이야기가 어떻게 된다고?

가로풀이
① 우리말을 모아 차례대로 늘어놓고 뜻과 쓰임새를 풀이한 사전.
② 오래되어 낡은 책.
③ 옛날이야기를 적은 책. 또는 동화책이나 소설책.
④ 읽을 만한 책이나 글. 또는 그 내용.

세로풀이
① 글, 그림, 사진 들을 엮어서 책으로 만들어 내는 회사.
② 종이 대신 전자기기로 볼 수 있게 만든 책.
③ 책이나 신문 같은 것을 펴낸 사람.
④ 책 첫머리에 읽는 사람이 알아야 할 것을 일러 주는 글.
⑤ 1. 책장과 책장 사이. 2. 읽던 곳이나 필요한 곳을 찾기 쉽게 책장 사이에 끼워 두는 물건.
⑥ 글이나 책의 맨 앞에 쓰는 글. 글의 내용과 목적 같은 것을 간단하게 쓴다.

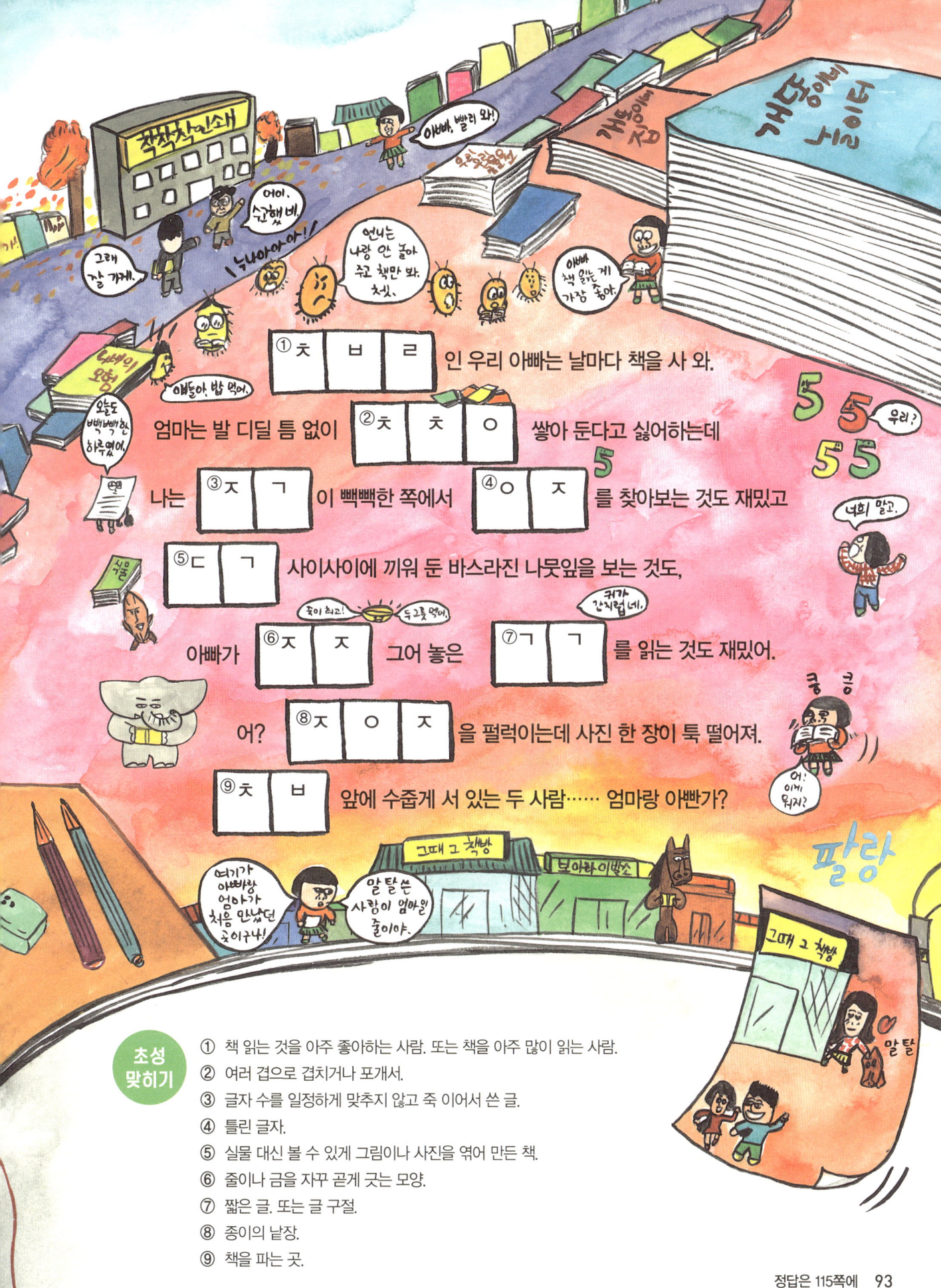

① ㅊ ㅂ ㄹ 인 우리 아빠는 날마다 책을 사 와.
엄마는 발 디딜 틈 없이 ② ㅊ ㅊ ㅇ 쌓아 둔다고 싫어하는데
나는 ③ ㅈ ㄱ 이 빽빽한 쪽에서 ④ ㅇ ㅈ 를 찾아보는 것도 재밌고
⑤ ㄷ ㄱ 사이사이에 끼워 둔 바스라진 나뭇잎을 보는 것도,
아빠가 ⑥ ㅈ ㅈ 그어 놓은 ⑦ ㄱ ㄱ 를 읽는 것도 재밌어.
어? ⑧ ㅈ ㅇ ㅈ 을 펄럭이는데 사진 한 장이 툭 떨어져.
⑨ ㅊ ㅂ 앞에 수줍게 서 있는 두 사람…… 엄마랑 아빠가?

초성 맞히기

① 책 읽는 것을 아주 좋아하는 사람. 또는 책을 아주 많이 읽는 사람.
② 여러 겹으로 겹치거나 포개서.
③ 글자 수를 일정하게 맞추지 않고 죽 이어서 쓴 글.
④ 틀린 글자.
⑤ 실물 대신 볼 수 있게 그림이나 사진을 엮어 만든 책.
⑥ 줄이나 금을 자꾸 곧게 긋는 모양.
⑦ 짧은 글. 또는 글 구절.
⑧ 종이의 낱장.
⑨ 책을 파는 곳.

정답은 115쪽에

할 수 있어?
할 수 있어!

새해

자신감 쑥쑥 솟는 새해가 밝았어!

가로 풀이
① 새로 다가오는 해.
② 돈을 받고 이발해 주는 곳.
③ 원고를 쓰는 종이. 글자 수를 세기 쉽게 네모 칸이 그려져 있다.
④ 공기 속에 있는 물기가 뭉쳐서 물방울이나 얼음 알갱이가 되어 하늘에 떠 있는 것.

세로 풀이
① 해가 막 떠오르는 것, 또는 그 모습.
② 어떤 일이 생기기를 바라는 것.
③ 해에 셋째로 가까운 행성. 우리가 사는 행성이다.

가로 풀이
⑤ 남이 잘되기를 바라면서 해 주는 좋은 말. 주로 새해 아침에 나눈다.
⑥ 일주일의 매 날을 이르는 말.
⑦ 기차가 다니는 길.
⑧ 둥글고 가늘게 뽑아 알맞은 길이로 자른 흰떡.
⑨ 국물을 뜨는 도구. 긴 자루에 작고 움푹한 그릇을 달아 만든다.

세로 풀이
④ 털이나 솜을 두껍게 누르거나 굵게 짜서 만든 요.
⑤ 날마다 그날 겪은 일이나 느낀 점 들을 적는 글.
⑥ 길 가장자리.
⑦ 가래떡을 어슷썰기로 얇게 썰어 맑은장국에 넣고 끓인 음식.
⑧ 어떤 일을 꼭 할 수 있다고 스스로 믿는 마음.

정답은 115쪽에

직업

내가 하고 싶은 일은?

가로풀이
① 산삼을 캐는 일이 직업인 사람.
② 기차나 배 같은 것을 운전하는 사람.
③ 나무를 다듬어서 집을 짓거나 물건을 만드는 사람.
④ 힘든 일을 돌아가면서 서로 돕는 것.
⑤ 금이 가거나 깨지거나 구멍이 뚫린 그릇 같은 것을 때우는 일이 직업인 사람.
⑥ 옷감을 마름질하는 일이 직업인 사람.

세로풀이
① 옛날에 사람들을 모아 놓고 이야기책 읽어 주는 것을 직업으로 하던 사람.
② 마술을 부리는 일이 직업인 사람.
③ 그날그날 돈을 받고 일을 하는 것. 또는 그런 일을 하는 사람.
④ 장례에 쓰는 물건들을 팔고, 장례 치르는 일을 돕거나 대신 맡아서 해 주는 곳.

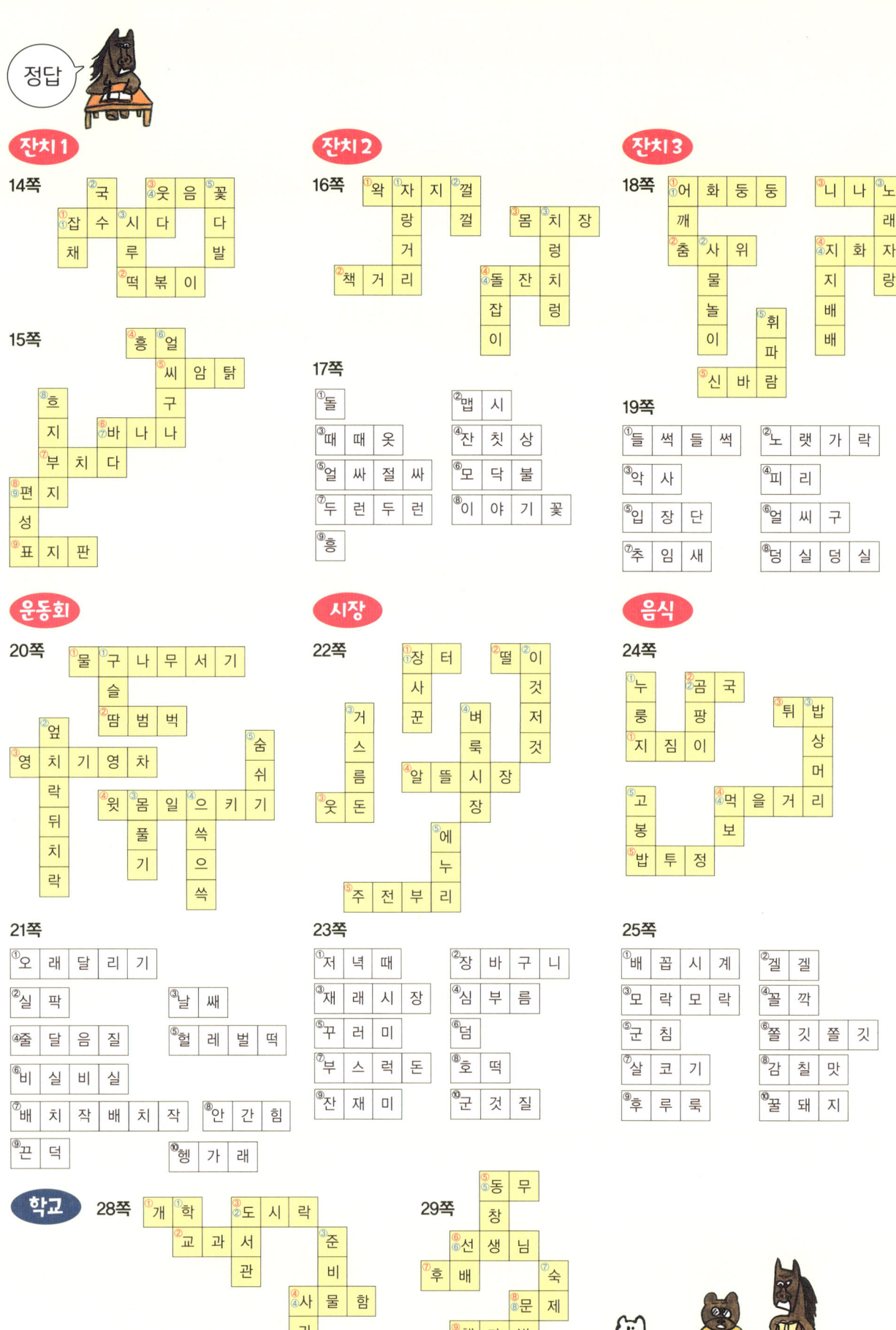

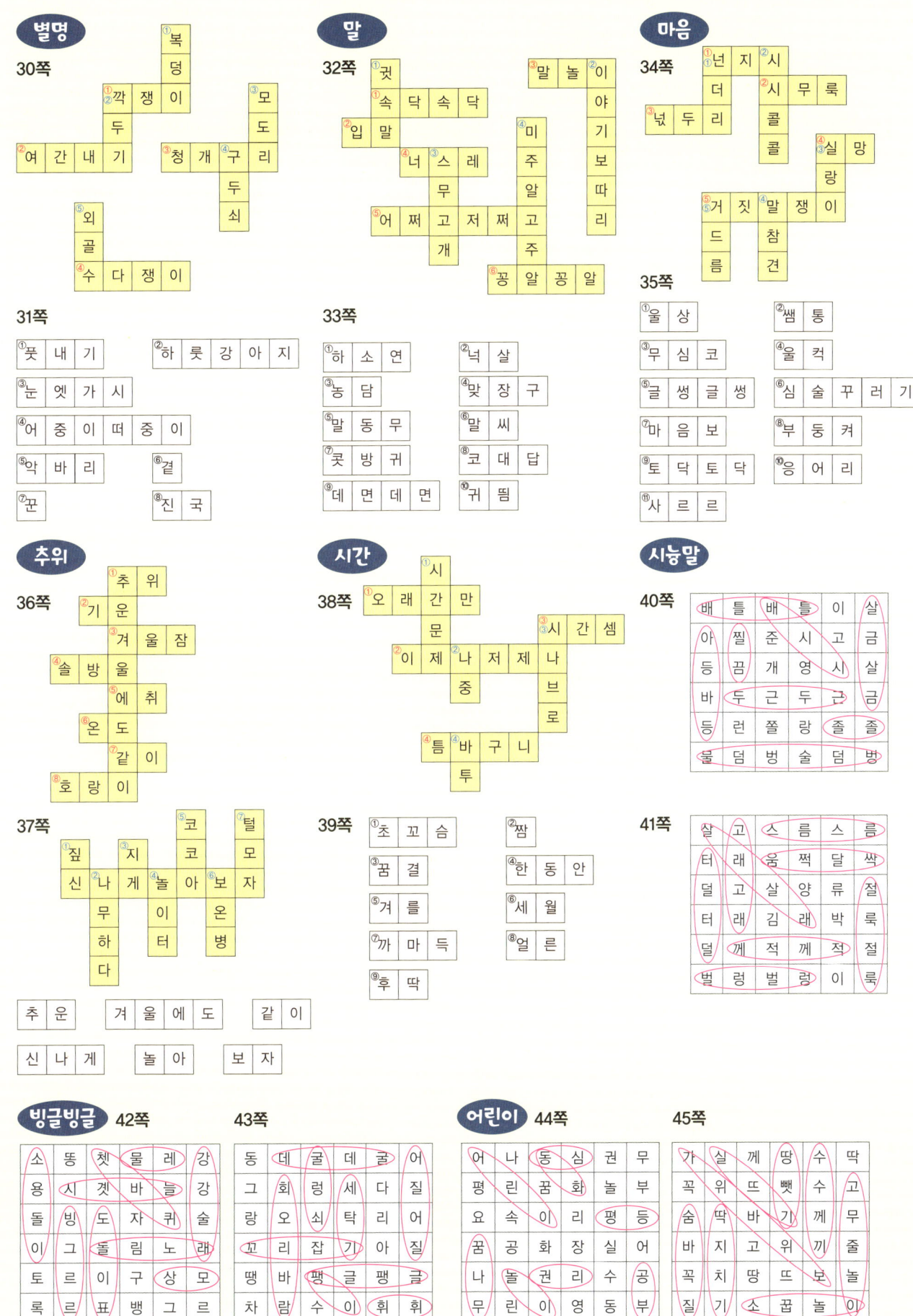

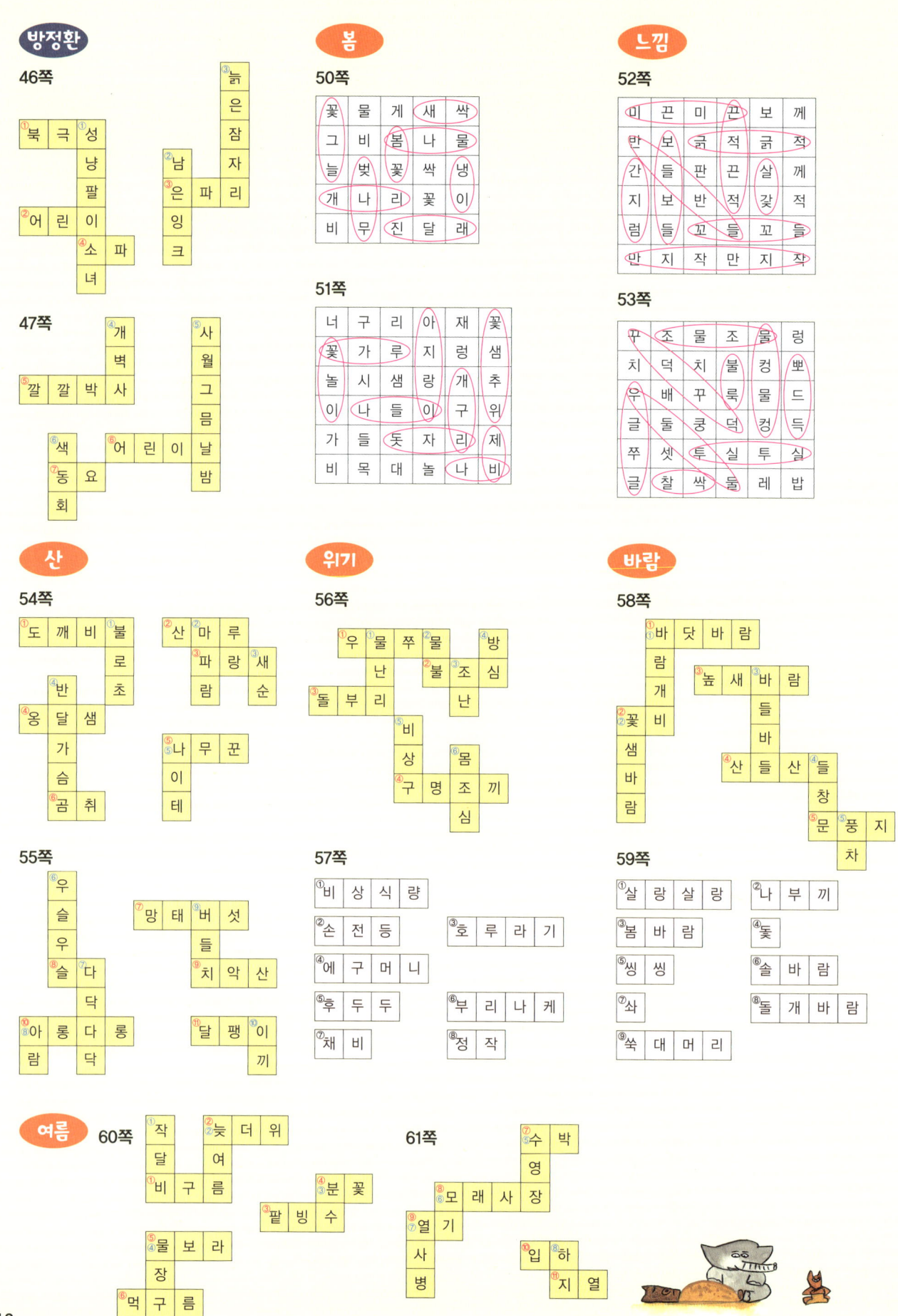

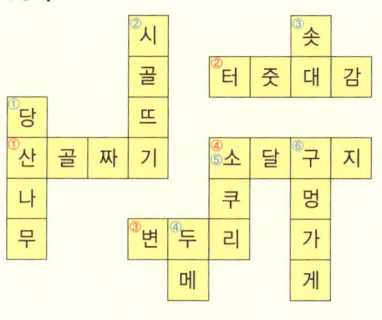

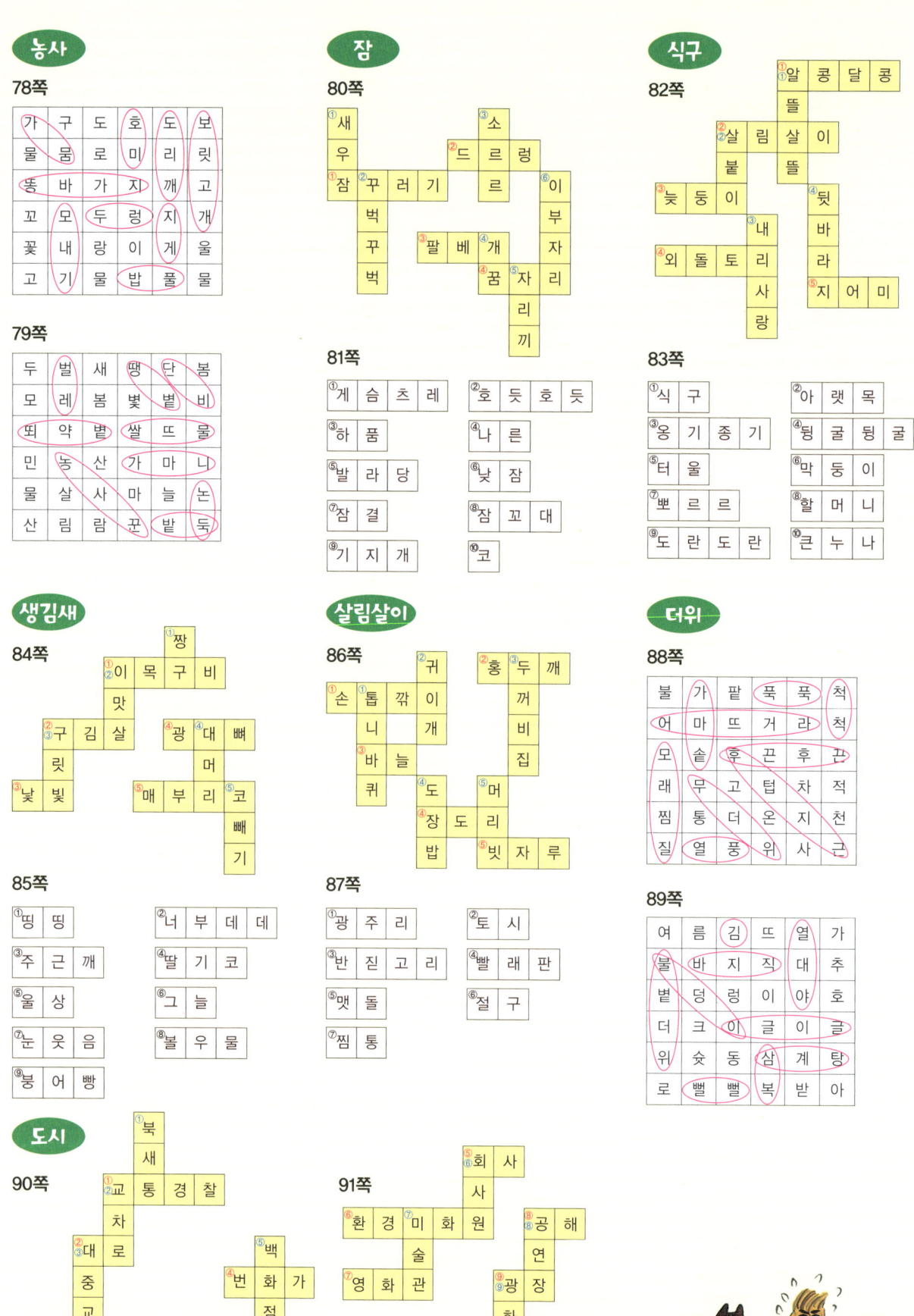

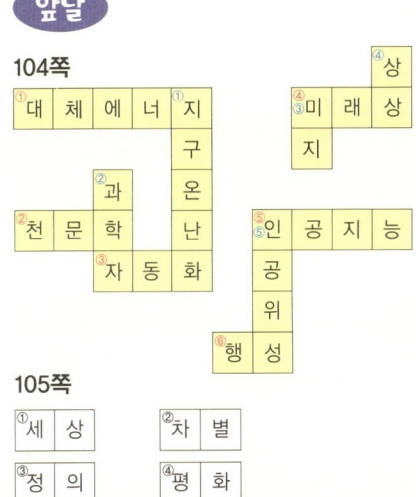

홍수진 그림

그림 그리는 걸 좋아해서 어릴 적부터 만화가가 되는 게 꿈이었어요.
무엇이든 엉뚱하게 바라보고 자유롭게 상상하는 것을 좋아해요.
그림 속에도 이런 유쾌함과 발랄함을 담아내려 늘 노력한답니다.
어린이 잡지 〈개똥이네 놀이터〉에 '수수께끼 열 고개', '열려라, 말놀이', '바스락 부스락 검봉맨',
'수세기 수사단' 들을 연재하며 10년 넘게 어린이 독자들을 만나 왔습니다.
그동안 그린 책으로는 〈수수께끼야 나오너라〉(모두 2권)《그래서 이런 말이 생겼대요 3 속담》
《얼쑤 우리 명절 별별 세계 명절》《창덕궁에서 만나는 우리 과학》들이 있어요.

개똥이네 책방 50
열려라 말놀이
어휘력과 사고력을 키우는 가로세로 낱말 놀이

2023년 1월 2일 1판 1쇄 펴냄 | 2023년 10월 26일 1판 2쇄 펴냄

글 보리 | **그림** 홍수진
편집 김로미, 박은아, 이경희, 임헌 | **교정** 김성재 | **디자인** 김은미 | **제작** 심준엽
영업마케팅 김현정, 나길훈, 양병희 | **영업관리** 안명선 | **새사업부** 조서연
경영지원실 노명아, 신종호, 한선희
분해 (주)로얄프로세스 | **인쇄와 제본** (주)상지사P&B

펴낸이 유문숙 | **펴낸 곳** (주)도서출판 보리 | **출판 등록** 1991년 8월 6일 제9-279호
주소 (10881) 경기도 파주시 직지길 492 | **전화** 031-955-3535 | **전송** 031-950-9501
누리집 www.boribook.com | **전자우편** bori@boribook.com

ⓒ 보리, 홍수진, 2023

이 책의 내용을 쓰고자 할 때는, 저작권자와 출판사의 허락을 받아야 합니다.
잘못된 책은 바꾸어 드립니다.
값 20,000원

보리는 나무 한 그루를 베어 낼 가치가 있는지 생각하며 책을 만듭니다.

ISBN 979-11-6314-275-1 73710

제품명: 도서 제조자명: (주)도서출판 보리 주소: (10881) 경기도 파주시 직지길 492 전화번호: (031) 955-3535
제조년월: 2023년 10월 제조국: 대한민국 사용연령: 8세 이상 주의사항: 책의 모서리가 날카로우니 다치지 않게 주의하세요.
KC 마크는 이 제품이 공통안전기준에 적합하였음을 의미합니다.